침묵
그리고
은총의 빛

Chemins vers le silence intérieur avec Edith Stein
ⓒ Les Editions Parole et Silence, 1998
Korean translation copyright ⓒ 2004 Catholic Publishing House

침묵 그리고 은총의 빛

2004년 3월 22일 교회 인가
2004년 3월 31일 초판 1쇄 펴냄
2024년 10월 25일 개정 초판 1쇄 펴냄

지은이 · 에디트 슈타인
엮은이 · 뱅상 오캉트
옮긴이 · 이연행
펴낸이 · 정순택
펴낸곳 · 가톨릭출판사
편집 겸 인쇄인 · 김대영
편집 · 김소정, 박다솜, 강서윤, 김지영
디자인 · 이경숙, 강해인, 송현철, 정호진
마케팅 · 안효진, 황희진

본사 · 서울특별시 중구 중림로 27
등록 · 1958. 1. 16. 제2-314호
전자우편 · edit@catholicbook.kr
전화 · 1544-1886(대표 번호)
지로번호 · 3000997

ISBN 978-89-321-1913-7 03230

값 13,000원

이 책의 한국어 출판권은 (재)천주교서울대교구 가톨릭출판사에 있습니다.
이 책은 저작권법에 의해 보호를 받는 저작물이므로 무단 전재와 무단 복제를 금합니다.

가톨릭의 모든 도서와 성물을 '**가톨릭출판사 인터넷쇼핑몰**'에서 만나 보실 수 있습니다.
http://www.catholicbook.kr | (02)6365-1888(구입 문의)

Edith Stein

CHEMINS VERS LE SILENCE INTÉRIEUR

침묵
그리고
은총의 빛

에디트 슈타인 지음 · 뱅상 오캉트 엮음 · 이연행 옮김

가톨릭출판사

머리말

에디트 슈타인(십자가의 데레사 베네딕타) 성녀의 일생과 성녀가 쓴 작품은 진리에 대한 탐구로 이루어져 있다고 해도 과언이 아닙니다. 하느님과의 만남 그리고 세례는 성녀가 진리를 탐구하도록 이끌었고 이 탐구에 완전한 의미를 부여하게 만들었습니다. 독일 괴팅겐 대학교에서 네덜란드 에히트의 가르멜 수도원에 이르기까지, 성녀의 생애와 사상은 모든 영성의 근원이신 하느님을 자신의 내면에 끌어들이는 데 그 뿌리를 두고 있습니다. 이와 같은 깊은 영성은 철저한 수덕修德 생활을 통해서만 얻을 수 있습니다.

하지만 수덕 생활은 위대한 성인이나 수도자만 할 수 있는 것이 아닙니다. 신앙을 온전히 실천하려는 모든 그리스도인은 물론이고, 교회의 울타리 밖에서 진리를 찾으려는 사람도 수덕 생활을 할 수 있습니다. 에디트 슈타인 성녀는 아기 예수의 데레사 성녀의 발자취를 따라 모든 사람이 거룩함으로 부르심을 받았다는 메시지를 우리에게 전해 줍니다.

에디트 슈타인 성녀의 미발표 글[1]이 수록된 '에콜 카테드랄École cathédrale(주교좌 학교) 총서'를 보완하는 이 책[2]에는 성녀의 핵심 사상이 모두 담겨 있습니다. 무엇보다 성녀는 하느님께서 비밀스럽게 우리의 영혼에게 말씀해 주시는 바로 그곳, 즉 존재의 가장 깊은 내면으로 들어가는 데에 필요한 조건인 묵상과 침묵으로 우리를 모두 초대하고자 합니다.

《침묵 그리고 은총의 빛》에서 에디트 슈타인 성녀는 누구나 실천할 수 있는 영성에 이르는 길을 알려 줍니다. 그 길은 우리가 매일 '주님 안에서 사는 것'이며, 그분께서 우리 마음 안에 사시도록 하는 것입니다. 이를 통해 우리는 주님의 자녀로 사는 법을 배우면서, 그분을 충실히 섬기는 착한 종이 될 수 있을 것입니다.

뱅상 오캉트 Vincent Aucante

차례

머리말 — 5

1장 하느님의 은총에 다가가려면
    하루를 어떻게 보내야 할까? — 11
2장 아주 단순한 작은 진리 — 23
3장 사랑하는 님, 여기 계시며, 오시네 — 31
4장 예수님 안에 머무르기 — 43
5장 예수님의 사랑과 함께 사는 이를 위하여 — 53
6장 인간 존재의 의미 — 65
7장 교회 안에서의 생활 — 77
8장 십자가의 길에서 — 91

역자 해설 — 100
미주 — 109
에디트 슈타인 연보 — 118

1장

하느님의 은총에
다가가려면
하루를 어떻게 보내야 할까?

1. 깊은 영성, 겸손, 경청, 온유, 지혜……. 어떻게 해야 이 모든 덕목을 갖출 수 있을까요?

서로 다른 특성을 지닌 이 덕목들은 유일하고도 완전한 영혼의 상태에서만 갖출 수 있습니다. 이러한 상태는 우리의 의지가 아니라 은총이 우리 안에 스며들어야 이루어질 수 있습니다. 따라서 우리가 할 수 있고, 또 해야 하는 일은 은총을 향해 우리 자신을 활짝 여는 것입니다!

다시 말해, 우리 자신의 의지를 완전히 내려놓고 오로지 하느님의 뜻에 자신을 내맡겨야 하는 것입니다. 우리의 영혼 전체가 하느님의 손 안에 받아들여질 준비가 되도록 해야 한다는 것입니다. 그렇기에 자기 비움과 침묵은 서로 밀접하게 연결되어 있습니다.

2. 하느님의 은총에 더 가까이 다가가기 위해 우리가 어떻게 하루를 보내야 하는지 보여 주는 몇 가지 지침이 있습니다.

우리의 내면은 외부에서 오는 기질로 의해 온갖 것으로 가득 차 있습니다. 그렇기에 항상 한 가지 일이 다른 일을 몰아내며 우리를 격동과 불안 속에 빠트립니다. 아침에 눈을 뜨자마자 해야 할 일들과 온갖 걱정거리가 파도처럼 밀려옵니다(그 일과 걱정이 평온한 밤을 이미 방해한 것이 아니라면 말입니다). 그러면서 어떻게 하루 만에 모든 일을 다 해낼 수 있을까 하는 불안이 머릿속에 끊임없이 떠오릅니다.

이러한 고민에 쫓기다 보면 정신 없이 일하고 싶다는 생각이 들기도 합니다. 하지만 그럴 때일수록 마음을 가라앉히고 "진정해!"라고 하면서 스스로를 다독여야 합니다. 지금은 그 어떤 것도 가까이 다가오게 해서는 안 됩니다. 우리의 아침 시간은 주님께 속해 있기 때문입니다. 우리는 매일 해야 하는 일을 어떻게든 잘 해내고 싶어 합니다. 그리고 주님께서는 그렇게 할 수 있는 힘을 주실 수 있습니다.

이렇게 우리는 하느님의 제단 앞으로 나아갑니다. 이것은 사소한 일이 아닙니다. 오히려 하느님께 위대한 속죄 제물을 바치는 것과 같습니다. 이 예식에 참여함으로써 영혼을 정화하고 영혼에 기쁨이 솟아나게 할 수 있습니다. 그리하여 제단의 제물 옆에 우리의 모든 관심사와 걱정과 고통을 내려놓을 수 있을 것입니다. 또한 성체 안에서 주님께서 오실 때면 "주님, 제게 무엇을 바라십니까?" 하고 여쭤 볼 수 있을 것입니다.

3. 주님과 침묵의 대화를 나눈 후에 우리는 앞에 놓인 일을 시작합니다. 아침 예식을 마치고 하루 일과를 개시할 때, 우리 안에는 그 침묵을 통해 얻은 고요함이 있습니다. 그리하여 우리 영혼은 괴롭히고 짓누르는 모든 것을 털어 내고 그 대신 거룩한 기쁨과 용기, 힘으로 채워집니다. 이렇게 영혼은 자신에게서 벗어나 하느님의 생명 안

으로 들어감으로써 더 크고 굳세어졌습니다. 주님께서 사랑으로 지피신 불길이 영혼 안에서 활활 타오르고 있기 때문입니다.

주님께서는 우리 영혼이 이 사랑을 증거하고 다른 사람들에게도 사랑의 불을 지피도록 북돋아 주십니다. "사랑이 불길처럼 타오르게 하시어, 가까운 이들에게도 그 열정이 불붙게 하소서." 지금은 아주 멀리까지 보이지 않지만, 언젠가 지평선의 끝에 다다르면 새로운 길이 보일 것입니다.

4. 이제 하루 일과가 본격적으로 진행됩니다. 4~5시간 이상 연속으로 일하다 보면 다양한 문제에 직면할 것입니다. 주어진 시간 안에 하려던 일을 거의 못하거나 아예 못할 수도 있습니다. 피로에 지치거나 예상치 못한 상황이 벌어질 수도 있습니다. 우울함, 거부감, 불안한 감정이 생기며 열심히 일할 힘을 앗아 갈 수도 있습니다.

또한 다른 이들과 함께 일하면서 어려움을 겪을 수도 있습니다. 기분 나쁜 말과 행동을 하는 윗사람, 동료들과의 불편한 관계에서 느끼는 불쾌함, 충족되지 않는 요구, 부당한 비난, 인간적인 고통 등 여러 가지 곤경이 우리를 힘들게 합니다. 그러다가 지치고 녹초가 되어 집에 돌아옵니다. 하지만 집에서도 십중팔구 또 다른 어려움이 기다리고 있습니다.

아침에 가졌던 영혼의 신선함은 어디로 사라졌습니까? 또다시 이 모든 것이 괴롭히려고 합니다. 반항, 짜증, 후회가 밀려옵니다. 게다가 저녁까지 해야 할 일은 얼마나 많은지요! 그러니 더 이상 주저하지 않고 움직여야 하지 않을까요? 안 됩니다! 적어도 침묵이 순식간에 우리 안에 들어오기 전에는 움직여서는 안 됩니다.

언제 어디서 고요함을 찾을 수 있는지 알기 위해서는 자기 자신이 어떤 사람인지 깨달아야 합니다. 가장 좋은 방법은 잠깐이라도 감실 앞에 앉아 모든 근심 걱정을 성체 안에 계시는 주님께 펼쳐 보이는 것입니다. 만약 그렇게 할 수 없는 상황이거나 심신의 안정이 절대적으로 필요한 경우라면 방에서 조용히 휴식을 취하는 것이 좋습니다. 그리고 외부에서 고요함을 느낄 수 없을 때, 어디론가

피신할 공간이 없을 때, 또 어쩔 수 없이 긴급하게 처리해야 하는 일 때문에 단 몇 분도 침묵할 수 없을 때에는, 잠깐이라도 자기 자신 안으로 들어가 주님 곁으로 피해야 합니다. 주님께서는 늘 그곳에 계시며, 눈 깜짝할 사이에 우리에게 필요한 것을 주실 수 있기 때문입니다.

5. 밤이 왔습니다. 하루를 되돌아봅니다. 해 놓은 일과 해야 할 일, 계획했던 일을 떠올려 봅니다. 다른 한편으로 깊은 수치심과 후회가 밀려올 때, 이 모든 것을 있는 그대로 마음 안에 간직하고 있다가 하느님의 손에 올려놓으면 됩니다. 그리고 그것을 하느님께 온전히 맡겨 드리는 것입니다. 그렇게 하면 하느님 안에서 진정으로 쉴 수 있고, 또 새로운 삶을 살아가는 마음으로 다음 날을 활기차게 시작할 수 있을 것입니다.

6. 같은 방식으로 지루한 일상 속에서 주일이 어떻게 영원한 생명으로 향하는 커다란 문이 되는지, 한 주 동안 주어진 일을 해낼 힘을 주는지 보여 줄 수 있습니다. 그리

고 교회의 정신으로 살아가는 대축일과 축일, 참회의 시간들이 어떻게 영원한 안식을 향해 우리를 이끌어 주는지 보여 줄 수 있습니다. 이를 통해 영적으로 더욱 성장하고, 삶의 의미와 깊이를 더할 수 있습니다.

따라서 우리 각자가 주님께 가는 길을 준비하기 위해 자신의 성향과 다양한 생활 조건에 따라 하루를 계획하고 한 해를 계획하는 방법에 대해 성찰해 보는 시간을 반드시 가져야 합니다. 단, 사람마다 계획은 다를 수 있습니다. 또한 시간의 흐름에 맞추어 변화하는 상황에 따라 유연하게 대응해야 할 것입니다.

7. 영원하신 하느님과 관계를 맺으며 그 관계를 굳건히 유지하고 발전시키는 좋은 방법이 있습니다. 매일 묵상과 영적 독서를 하고, 미사에 참례하며 신실한 신앙생활을 이어 가는 것입니다.

하지만 모든 사람에게 이 방법이 똑같이 유익한 것은 아닙니다. 예를 들면, 모든 사람이 항상 같은 방식으로 묵상을 하지 않을 수도 있습니다. 여기서 중요한 점은 각자

에게 맞는 방법을 찾아 최대한 실천해 나가도록 계속 노력하는 것입니다.[3]

2장

아주 단순한

작은 진리

내가 말하려는 것은 사실 아주 단순하고 작은 진리입니다. 다시 말해, 우리가 어떻게 주님의 손 안에 머무를 수 있는가 하는 것입니다.[4]

나는 내게 오는 것은 무엇이든 받아들입니다. 다만 모든 것을 잘 해내기 위해 필요한 힘을 주시기를 주님께 간절히 청할 뿐입니다.[5]

주님께서는 언제나 우리 곁에 남아 있는 친구처럼 우리의 무거운 짐을 들려고 하시고, 우리를 위로하고 우리

에게 충고하십니다. 또한 우리를 도우려고 기다리십니다. 이와 동시에 우리가 당신의 삶을 함께 나누도록 허락해 주십니다. 우리는 더욱 깊이 주님과 연결되고, 주님 안에서 다른 모든 사람과 결합될 것입니다. 이렇게 해서 더 이상 홀로 있지 않게 됩니다.[6]

우리는 매일 관계를 맺는 사람이 가진 의견을 피해 갈 수 없습니다. 이는 주님과의 일상적인 관계에서도 마찬가지입니다. 우리는 주님께서 좋아하시는 것과 싫어하시는 것에 대해 훨씬 더 민감해져야 합니다.[7]

우리는 쓸데없는 일을 하느라 아주 많은 시간을 보냅니다. 책과 잡지와 신문에서 갖가지 정보를 수집하고, 몇 시간씩 카페에 앉아 있고, 길거리에서 수다를 떱니다. 아침에 흐트러지는 대신에 한 시간만이라도 정신을 집중하는 일이 정말 불가능할까요? 이 한 시간 동안 온갖 어려움에 온종일 대처할 수 있는 힘을 얻을 수 있는데 말입니다.[8]

'자신의 의무'를 다하고, '좋은 글'을 읽고, '해야 되는 대로 투표'를 하는 '좋은 그리스도인'이 갖는 자만심과, 어린이처럼 단순하고 세리처럼 겸손하게 하느님 안에서 살아가는 것 사이에는 큰 차이가 있습니다.[9]

"당신의 뜻대로 이루어지기를"이라는 말은 그리스도교적 삶을 온전히 살기 위한 행동 지침이 되어야 합니다. 이 말이 아침부터 저녁까지 하루의 흐름을 지배하고, 한 해의 흐름과 일생 전체를 지배해야 합니다.[10]

우리가 개인적 확신을 버리고 하느님의 손에 자기 자신을 내맡기면, 거기에서 찾는 피난처는 더욱더 아름답고 평온할 것입니다.[11]

하느님의 손에 자신을 내맡기는 사람은 틀림없이 자신이 인도받고 있다는 사실을 확신할 수 있습니다. 하느님께 자신을 내맡기는 사람은 절대 길을 잃지 않습니다.[12]

매일매일 우리에게 오는 은총의 충만함에 비하면 인간의 영혼은 너무나 작습니다. 그나마 영혼이 이해할 수 있는 바를 생각해 본다고 해도, 그 어떤 말도 충분하지 않습니다.[13]

나는 하느님의 뜻이 내 안에서 그리고 나를 통해 이루어지는 것 외에 아무것도 바라지 않습니다. 모든 것이 그분께 달려 있기 때문에 나는 아무 걱정도 할 필요가 없습니다. 그렇지만 어떤 상황에서도 하느님께 충실하려면 반드시 기도가 필요합니다.[14]

완전한 믿음 안에서 장래에 대한 모든 희망을 하느님의 손에 맡겨 놓으십시오. 그리고 어린아이처럼 주님께서 나를 이끄시도록 허락하십시오. 그러면 길을 잃고 헤맬 일이 없다는 확신을 얻을 것입니다.[15]

3장

사랑하는 님,
여기 계시며, 오시네

하느님은 진리이십니다. 진리를 찾는 사람은 그 진리가 자신에게 명백하든 명백하지 않든 언제나 하느님을 찾습니다.[16]

사람을 묵상으로 이끌고 또 하느님께 인도하는 모든 활동은 은총의 결실로 보아야 합니다. 이것은 여러 가지 표징을 받거나 주어진 역량을 자연스럽게 사용했을 때도 마찬가지입니다.[17]

우리 각자에게는 성소가 있습니다. 하지만 단순히 내면

을 성찰하거나 실현 가능한 경로를 찾는 것만으로는 자신의 성소를 발견할 수 없습니다. 오직 기도를 통해서만 찾을 수 있습니다.[18]

영혼은 주님께서 그 영혼 자체를 위하여 마련하신 왕국에서만 자기 자신 그리고 평화를 찾을 수 있습니다. 넘치도록 풍성하게 주어지는 충만함을 추구하면서 이 왕국을 원할 때, 우리는 이를 '은총의 왕국'이라고 부릅니다.[19]

우리에게는 신앙의 대상이 보이지 않습니다. 하지만 보이지 않고 감각적으로 느낄 수 없는 그 대상은 즉각적으로 우리에게 현존하며 다가옵니다. 이로 인해 우리는 멈추게 되고, 마음이 자연스럽게 그곳으로 향하게 됩니다.[20]

진리 안에서는 신앙과 자유가 하나이며, 또 같은 것입니다.[21]

우리가 영적으로 성장하기 위해서는 신앙 안에서 굳게

버티고 완덕의 길로 계속 나아가고자 하는 자세가 필요합니다.[22]

영혼은 성령으로 거듭날 때 급격히 변화합니다. 이로써 나 자신만을 위한 삶은 사라지고, 이성理性과의 관계와 이성에서 비롯된 반응이 점점 약해집니다. 그럼에도 우리의 영혼에서 가장 고유한 개성은 여전히 남아 있습니다.[23]

내적 삶을 아는 사람들은 모든 시대에 걸쳐 이렇게 경험해 왔습니다. 즉 그들은 외부 세계보다 더 강렬하게 그들을 이끄는 무엇인가를 통해 내면의 목소리를 들었습니다. 그리고 강력하고 지극히 높은, 초자연적이며 전지전능한 새로운 삶이 자신 안으로 뚫고 들어오는 것을 경험했습니다.[24]

개종하기 전후로 얼마 동안, 나는 이렇게 생각했습니다. 종교적 삶을 산다는 것은 하느님의 것만 생각하면서 살기 위해 이 지상의 일을 모두 내버리는 것을 의미한다고 말입니다. 하지만 나는 이 세계가 우리에게 요구하는 것은 다른 것이며, 가장 관상적인 삶을 살아간다고 해도 이 세상과 단절되어서는 안 된다는 것을 점차 이해하게 되었습니다.[25]

우리는 침묵 속에서 귀를 기울이고 하느님의 말씀이 우리에게 행해지도록 받아들일 수 있는 시간이 반드시 필요합니다.[26]

사람에게서 느껴지는 매력은 그 사람의 영혼이 활기차고 강할수록 한층 더 강렬해집니다. 하지만 자유롭고 영적인 모든 행위에는 그 사람의 영혼 속에 자리잡은 개인적인 특성이 담겨 있습니다.[27]

하느님과 결합되도록 부르심을 받는 것은 영원한 생명으로의 초대입니다. 순전히 영적인 피조물인 인간의 영혼은 본질적으로 죽음에 이르지 않습니다. 더욱이 영적인 인간으로서의 영혼은 자신의 삶을 초자연적으로 변화시

킬 수 있는 능력을 가지고 있습니다. 신앙은 하느님께서 영혼을 영원한 생명, 즉 그분의 생명에 항상 참여하도록 부르고 싶어 하신다는 것을 우리에게 가르쳐 줍니다.[28]

하느님께서는 우리 영혼의 가장 깊은 곳에 계시기에, 영혼 안에 있는 어떤 것도 그분께 숨길 수가 없습니다.[29]

신앙은 하느님을 붙잡는 것입니다. 우리는 은총 없이 신앙을 가질 수 없습니다.[30]

본질적으로 그리고 의무적으로 우리의 영혼에 끈질기게 주어지는 모든 의미 있는 요청은 바로 하느님의 말씀입니다. 이러한 하느님의 말씀을 적극적으로 받아들이는 사람은 그 순간에 응답할 수 있는 거룩한 힘을 받게 됩니다.[31]

하느님의 성령은 우리에게 힘을 주시며 우리가 나아가야 할 방향을 알려 주십니다. 그분께서는 우리의 영혼에 새로운 생명을 주시고, 영혼이 자신의 본성으로는 시도할 수 없을 일을 하도록 이끌어 주십니다. 이와 동시에 영혼이 어떻게 행동해야 하는지 가르쳐 주십니다.[32]

믿음이 진정으로 살아 있는 곳에서는 하느님의 가르침과 위업이 그곳을 가득 채웁니다. 그 외의 것은 모두 부가적인 것입니다.[33]

이것이 바로 거룩한 현실입니다. 성령으로 새로 태어난 영혼은 내적으로 그리고 자발적인 자세로 모든 것을 받아들입니다. 그리고 자신 안으로 들어오는 것을 적절한 방법과 깊이로 수용합니다.[34]

기도와 봉헌은 우리가 말할 수 있는 그 어떤 것보다 더 중요합니다. 특히 내가 믿어 의심치 않는 바와 같이, 반드시 필요합니다. 봉사하기 위해 선택되는 것과 은총 안에 머물러 있는 것은 별개입니다. 우리는 판단하지 말고 하느님의 헤아릴 수 없는 자비하심을 믿어야 합니다.[35]

그리스도교의 신비는 서로 분리될 수 없는 총체를 이루고 있습니다. 그중 하나를 깊게 탐구하면 다른 모든 신비로 이어지는 결과를 얻게 됩니다.[36]

종교는 단순히 고요하고 몇몇 축일을 기념하는 일에서 끝나는 것이 아니라, 삶 전체의 뿌리이자 중심이 되어야 합니다. 특히 선택받은 일부 사람들뿐만 아니라, 모든 그리스도인에게 그렇게 되어야 합니다.[37]

하느님 아버지께서는 당신의 뜻을 행하는 이에게 당신을 알고 사랑하는 법을 가르쳐 주십니다. 그리하여 가장 열성적인 자세로 자신을 포기하며 하느님께서 기대하시는 바를 행하는 사람은 자기 자신 안에서 하느님을 발견하게 됩니다.[38]

내적인 기도로 시간을 보내는 동안에 하느님께서 우리의 영혼 안에 행하시는 일은 마치 섬광처럼 인간의 눈에 보이지 않습니다. 이것은 은총을 위한 은총입니다. 또한

삶의 모든 다른 시간은 이 선물에 감사하기 위해 있는 것입니다.[39]

4장

예수님 안에 머무르기

우리가 하느님을 따르지 않으면서 예수님 안에 머무를 수는 없습니다.[40]

주님께서 일생에서 가장 행복하셨던 시간은 바로 아버지와 홀로 대화하시던 침묵의 밤이었습니다. 주님께서는 사람들이 정신없이 떠드는 가운데서 활동하신 뒤, 이 시간을 통해 다시 숨을 쉬실 수 있었습니다.[41]

어떠한 인간의 영혼도 사람이신 하느님께서 겟세마니와 골고타 언덕에서 들어가셨던 것과 같은 어두운 밤 속으로 들어간 적이 없습니다. 사람이신 당신 아드님이 십자가 위에서 돌아가실 때, 하느님 아버지께서 그분을 버리신 그 헤아릴 수 없는 신비 안으로 들어갈 수 있는 영혼은 없습니다. 그 안으로 들어가기를 간절히 원하더라도 말입니다. 하지만 예수님께서는 그분의 벗들에게 이 극단적인 비참함을 맛볼 수 있도록 허락하셨습니다.[42]

예수님께서 지상에서 사신 생애 전체는 우리에게 중요한 본보기를 보여 줍니다. 그분께서는 오직 우리 인간을 위해 사셨기 때문입니다. 또한 육체와 영혼을 지닌 인간으로 이 세상에 오셨기 때문입니다.[43]

하느님은 사랑이십니다. 언제든지 자유롭게 당신을 내어 주는 넘치는 사랑이십니다. 다시 말해, 병든 이를 치유하고 죽은 이를 깨워 살아나게 하는 사랑이십니다. 고통받는 사람들과 함께 울고, 행복한 사람들과 함께 기뻐하는 사랑이십니다. 모든 피조물을 아버지께서 의도하신 대로 되도록 부르시는 사랑이십니다. 한마디로 하느님 마음

의 사랑이십니다.[44]

　사랑 안에서 하나가 된다는 것은 다음과 같은 의미를 지닙니다. 즉 사랑하는 분을 영적으로 받아들이고, 그분을 사랑하는 사람을 그분의 모습으로 변화시키는 것입니다. 그 결실로 존재 간의 친교가 분명히 드러납니다.[45]

　사랑이 가득하신 하느님께 우리 자신을 내맡기기 위해서는 하느님을 사랑하는 분으로 알아 가는 방법을 배워야 합니다. 그렇게 해야만 그분께서 우리에게 당신 자신을 드러내실 수 있습니다.[46]

　사랑의 가장 내적인 본질은 '내어놓음'입니다. 사랑이신 하느님께서는, 당신이 사랑을 위해 창조하신 피조물들에게 당신 자신을 온전히 내어 주십니다.[47]

　기도는 인간의 영이 담당할 수 있는 가장 고귀한 과업입니다.[48]

수 세기에 걸쳐 이어져 온 신비로운 흐름은 교회의 기도 생활과 동떨어져 고립된 지류支流가 아닙니다. 그것은 가장 내면적인 삶을 드러냅니다.[49]

예수님께서는 공생활 중에 유다인들의 공적 의식에만 참여하지 않으셨습니다. 복음사가들이 우리에게 알려 주는 바에 따르면, 예수님께서는 훨씬 더 자주 사람들에게서 멀리 떨어져, 훤히 트인 산꼭대기나 사막에서 홀로 기도하셨다고 합니다.[50]

기도는 야곱의 계단입니다. 이 계단을 통해 인간의 영혼은 하느님께로 올라가고, 하느님의 은총은 사람에게로 내려옵니다.[51]

하느님께 사랑으로 가득 찬 무한한 헌신을 드리면 하느님의 선물이 돌아옵니다. 이것이 바로 가장 높은 수준의 기도입니다. 여기에 도달한 영혼들은 진정 교회의 심장이 됩니다. 그런 이들 안에서, 교회를 향한 예수님의 사랑이

살게 되는 것입니다.⁵²

 이론적인 신념뿐만 아니라 마음의 성품과 생활의 실천 속에서 예수님의 사랑을 모든 것 위에 놓는다는 것은 다음을 의미합니다. 즉 모든 피조물로부터 자유롭고 자신과 남들에 대한 잘못된 이미지로부터 자유롭다는 뜻입니다. 이것이야말로 순수함의 가장 깊고도 오묘한 영적 의미입니다.⁵³

 당신이 고요와 평화를 찾기 위해 필요한 만큼, 교회 안에서 고요히 머무는 데 시간을 할애하십시오. 이것은 당신뿐만 아니라, 당신과 함께해야 하는 사람을 위해서도 유익합니다.⁵⁴

 가장 높고 궁극적인 의미에서 정결은 부정적인 측면이 없습니다. 정결은 가장 긍정적인 것으로, 삶을 지속해서 나누기 위해 예수 그리스도와 결합하는 것입니다.⁵⁵

부활하신 예수님은 존엄한 임금이시며, 인류 본래의 모습이자 으뜸이십니다. 인류 전체가 지향하고, 인류에게 진정한 의미를 부여하는 최종적인 형상이십니다.[56]

5장

예수님의 사랑과
함께 사는 이를 위하여

고독과 비참함으로 괴로워하는 인간의 영혼을 바라볼 때가 있습니다. 그리고 이 영혼을 둘러싸는 것과 이 영혼이 넘어졌다가 다시 일어나는 것을 목격할 때가 있습니다. 이러한 때일수록 우리는 이 영혼이 하느님의 손으로 만들어졌다는 확신을 품게 됩니다. 또한 이 영혼의 길과 목적이 영원하신 하느님의 빛 앞에 분명하게 놓여 있다는 확신, 그분께서 당신의 천사들에게 이 영혼을 보살피라고 명령을 내리셨다는 깊은 확신을 품게 됩니다.[57]

나는 나 자신과 사람들을 대하는 태도를 완전히 바꾸었습니다. 이제는 적敵들과 기를 쓰고 다투거나 싸우는 일이 없어졌습니다. 물론 사람들의 약점을 여전히 냉소적인 시각으로 바라볼 때도 있기는 합니다. 하지만 더 이상 그들의 약점을 이용하여 공격하려고 하지 않습니다. 오히려 그 약점을 아름답게 만들 수 있는 방법을 찾으려고 노력합니다.[58]

우리가 사람들에게 '진실을 말함으로써' 그들을 더 나은 방향으로 이끄는 일은 매우 드뭅니다. 이는 그들이 자신이 받은 비판을 조금이라도 수용해야만 비로소 도움이 될 수 있기 때문입니다.[59]

날마다 하는 일에서 잘못을 저지르는 사람은 당신뿐만이 아닙니다. 사실 우리가 모두 그렇게 합니다. 하지만 좋으신 주님께서는 인내하시고 그런 우리에게 자비를 베푸십니다.[60]

주님께서는 모든 호감과 반감에 맞서 "네 이웃을 너 자신처럼 사랑하라."라는 계명을 세우십니다. 그분께서 우리에게 주신 이 계명은 어떠한 조건도, 예외도 없이 적용됩니다. 여기서 '이웃'은 우리에게 가까이 오는 모든 사람을 의미합니다.[61]

온 인류에 대한 우리의 사랑은 하느님에 대한 사랑의 척도입니다. 그리스도인에게 '이방인'이란 존재할 수 없습니다. 우리 앞에 있는 바로 그 사람이 가장 소중한 '이웃'입니다.[62]

우리는 살아가면서 사람들과 매우 깊은 관계를 맺을 때가 있습니다. 그럴 때 마치 우리에게 하느님의 손길이 닿은 것처럼, 그 사람의 인격적 존재에 의해 내적으로 깊은 영향을 받습니다.[63]

진정으로 사랑하는 사람은 사랑의 대상을 이렇게 바라봅니다. 즉 그 대상을 마치 '하느님에게서 나온 것'처럼 바

라봅니다. 또한 그 대상과 영원히 함께할 수 있는 것처럼 바라봅니다.[64]

하느님께서는 인간을 남자와 여자로 창조하셨습니다. 그리고 그들을 모두 당신의 모습대로 창조하셨습니다. 우리는 순수하게 남성적 또는 여성적인 존재로 살아감으로써, 가장 먼저 하느님의 모습을 볼 수 있습니다. 또한 이 세상의 모든 생명과 하느님의 생명이 가장 강렬하게 친교를 이루는 것도 볼 수 있습니다.[65]

여성은 타고난 모성적 자질과 함께 동반자의 자질을 갖추고 있습니다. 즉 여성은 다른 누군가의 삶을 같이 나누고, 큰일이나 작은 일, 기쁨이나 슬픔, 일과 문제가 되는 모든 것에 진정으로 참여할 수 있습니다. 이것이야말로 여성이 지닌 귀한 선물이자 자신의 자질을 발휘하는 기회입니다.[66]

예수 그리스도와 그분의 복음을 온전히 믿는 사람, 그

분의 약속이 이루어지기를 간절히 바라는 사람, 깊은 사랑으로 예수 그리스도와 언제나 함께하고 그분의 계명을 기꺼이 따르는 사람은, 주님께서 하시는 일에 확신을 품고 같은 마음을 가진 모든 사람과 사랑의 친교로 하나가 되어야 합니다.[67]

여러 차이점을 뛰어넘어 우리를 모든 시대와 지역의 사람들과 하나로 묶는 경험은 중요합니다. 특히 우리와 모습이 다른 인류와 접촉함으로써 풍요로움과 성장을 경험하는 것은 중요합니다. 이러한 의미 있는 경험을 통해서 인류가 우리를 둘러싸는 모든 것이라는 사실을 이해할 수 있습니다.[68]

나는 하느님께서 당신 자신만을 위해 아무나 부르지 않으신다고 확신합니다. 그리고 그분께서 어떤 영혼을 받아들이신다면, 그것은 당신의 사랑을 아낌없이 베푸시는 증거라고 믿습니다.[69]

우리가 구원을 얻고, 우리에게 자신의 영혼을 맡긴 사람들의 구원을 얻기 위해 어떻게 해야 할까요? 무엇보다도 바로 지금 여기에 머물러야 합니다. 그 점에는 의심의 여지가 전혀 없습니다.[70]

어떤 사람이 하느님 안으로 더 깊이 들어가면 들어갈수록, 그는 하느님으로부터 더욱더 나와야 한다고 생각합니다. 다시 말해, 그 사람은 자신이 만나고 체험한 하느님을 전 세계 곳곳에 전하기 위해 세상 밖으로 나아가야만 합니다.[71]

예수 그리스도의 사랑과 함께 사는 사람은 자기 자신을 위해서가 아니라 하느님을 위해 살기를 원합니다. 사실 이것은 영원한 생명에 도달하기 위한 가장 확실한 방법이기도 합니다.[72]

하느님의 은총은 인간에게 직접 닿지 않습니다. 오히려 인간을 중개자로 선택합니다. 그렇기 때문에 인간은 여러 가지 방식으로 다른 사람들의 구원을 얻어 낼 수 있습니다. 그리고 하느님께서는 당신 곁으로 다가온 한 영혼에 대한 크나큰 사랑으로 다른 한 영혼도 당신께 이끄실 수 있습니다.[73]

나는 아무 의심도 없이 전적으로 믿을 수 있는 분께서 내 곁에 계시다는 것을 압니다. 이 사실은 나에게 평온함과 힘을 줍니다.[74]

우리가 선입견 없이 선인들의 해석에 항상 귀를 기울인다면 그들에게서 배움을 얻을 수 있습니다. 무엇보다도 선인들의 경험을 참고하면서 더 철저하게 살펴본다면 유익한 것을 더 많이 얻을 것입니다.[75]

우리에게 가장 중요한 것은 과연 무엇일까요? 그것은 바로 기도를 통해 모든 이와 하나가 되어 언젠가 영원한 빛 안에서 우리 자신을 발견하는 것입니다. 우리는 매일 매 시간 영원한 빛으로 나아가기 위해 더 많은 것을 점차

배워 나가야 합니다. 그리고 이것을 위해 기도를 통해 서로 도와야 합니다.[76]

6장
인간 존재의 의미

🌀   인간 존재의 의미는 바로 이것입니다. 즉 하늘과 땅, 하느님과 피조물이 함께 어우러져야 한다는 것입니다.[77]

내가 스스로 발견하는 나의 존재는 무無의 존재입니다. 나는 나 자신의 바깥에 있지 않으며, 바깥에서 나는 아무것도 아닙니다. 그렇지만 이 무無의 존재도 분명히 존재하고 있습니다. 그리고 나는 그곳에서 눈 깜짝할 사이에 존재의 충만함을 접합니다.[78]

사람은 내면 깊은 곳에 머물고 자신의 손을 붙잡도록 부르심을 받았습니다. 이것은 그 사람의 내면에서만 가능합니다. 그리고 오직 내면에서만 세상과의 진정한 토론을 할 수 있으며, 이 세상에서 자신을 위해 마련된 자리를 찾을 수 있습니다.[79]

우리 영혼의 중심은 양심의 소리가 들리는 곳이며, 자유로운 결정을 내리는 장소이기도 합니다. 그렇기에 이 장소는 하느님과 자유로운 친교를 이루는 장소이기도 합니다.[80]

하느님께서는 영원으로부터 모든 인간의 영혼을 알고 계시며, 그 본질의 모든 비밀과 삶의 미세한 흔들림까지 알고 계십니다.[81]

하느님께서 나를 어떻게 만드실 것인지는 그 누구도 알 수 없습니다. 따라서 내가 그것을 걱정할 필요는 전혀 없습니다.[82]

하느님께서는 모든 사람을 각자의 길로 이끄십니다. 하지만 어떤 사람들은 다른 사람보다 더 쉽고 빠르게 목적지에 도달합니다. 우리가 해야 할 일과 비교할 때 우리가 할 수 있는 일은 아주 적습니다. 하지만 우리는 이 얼마 안 되는 일을 해야 합니다.[83]

하느님은 충만한 사랑이십니다. 하지만 피조물로 창조된 영은 하느님의 충만한 사랑을 전부 받아들이고 사랑에 이끌려 들어갈 만큼 충분히 강하지 못합니다. 각 사람의 몫은 그 사람의 존재 역량에 따라 결정됩니다. 이는 사랑이 각 사람에게 적합한 방식으로 각인되어 있음을 의미합니다.[84]

자신을 다른 이를 섬기는 존재로 여기는 사랑은 모든 피조물에게 도움과 구원을 가져옵니다. 이는 성령께 주어지는 이름이기도 합니다. 우리는 모든 피조물에게 부어지는 하느님의 영 안에서 여성적 존재의 원형을 볼 수 있습니다.[85]

신앙의 길은 철학적 지식의 길보다 더 많은 것을 우리에게 선사합니다. 즉 어떤 자연적인 지식에서도 발견할 수 없는 확신과 우리를 사랑하고 불쌍히 여기시는 친밀한 하느님을 경험하게 합니다.[86]

세계 역사 속에서 이름이 남아 있는 선택받은 소수의 사람들에게만 특별한 부르심이 있는 것은 아닙니다. 모든 인간의 영혼은 하느님에 의해 창조되었으며, 각 영혼은 다른 영혼과 구별되는 하느님의 표지를 간직하고 있습니다. 또한 하느님의 뜻에 따라 일하라는 부르심은 각 사람의 본성 안에 새겨져 있습니다.[87]

모든 피조물은 각자의 고유한 의미를 지니고 있습니다. 이것은 하느님의 본질적 모습을 닮은 특별한 존재 방식입니다.[88]

하느님의 종들은 자유로운 영혼일 수밖에 없습니다. 맹목적인 일꾼은 하느님의 뜻이 규정하는 법에 따라 자신

의 길을 갈 수 있지만, 하느님의 뜻이 그들을 통해 실현되지는 않습니다. 따라서 오직 자유로운 존재만이 하느님을 해방하시는 분으로 받아들일 수 있습니다.[89]

자기 자신을 찾지 못하는 사람은 하느님도 찾지 못하고, 영원한 생명도 얻을 수 없습니다. 더 정확히 말하자면, 하느님을 찾지 않는 사람은 자기 자신을 찾지 못하고, 자신의 내면 가장 깊은 곳에서 자신을 기다리는 영원한 생명의 근원에도 도달할 수 없습니다.[90]

하느님에 대한 헌신은 그분의 사랑을 받는 자기 자신에 대한 헌신입니다. 그리고 이것은 하느님과 결합된 영적 존재를 포함한 모든 피조물에 대한 상호적인 헌신이기도 합니다.[91]

영혼 안에서 나오는 모든 것은 인간과 그 영혼을 형성하는 데 영향을 미칩니다. 마찬가지로, 다른 사람과의 모든 접촉은 심지어 접촉할 의도가 없을 때조차도 강력한

영향력을 미칠 수 있습니다. 사람을 형성하는 데 가장 본질적인 것은 바로 그 사람 자신입니다.[92]

우연한 기회에만 영혼의 깊은 곳으로 돌아가며 아직도 표면에 머무는 사람에게는, 그 깊이가 형성되지 않은 채로 남아 있습니다. 따라서 그는 더 단순한 영적 수준에서조차 창조적인 힘을 발휘할 수 없습니다.[93]

영혼의 역사는 하느님의 마음속에 깊이 감춰져 있습니다. 우리가 가끔 그 영혼을 이해한다고 생각하는 것은, 모든 것이 밝혀지는 날까지 하느님의 비밀로 남아 있음을 나타낼 뿐입니다. 이 분명한 미래에 대한 희망은 나에게 큰 기쁨으로 다가옵니다.[94]

육체를 부여받은 인간은 자신의 육체에 대한 책임을 져야 합니다. 육체를 방치하거나 학대하면 신체 기능에 이상이 생기고, 이로 인해 내적 삶에도 혼란이 일어납니다. 내적 삶의 질서가 깨지면 육체에도 그 영향이 드러나게

됩니다.[95]

건강한 육체는 영혼을 혼란스럽게 하지 않습니다. 육체는 영혼을 위해 준비된 거처며, 자유롭고 거룩한 삶을 가능하게 합니다.[96]

인간은 모든 피조물의 구원자가 되도록 부르심을 받았습니다. 인간은 자신이 해방되어 있을 때에만 그 사명을 수행할 수 있습니다.[97]

무엇이 동물의 영혼을 사람을 향해 열리게 할까요? 사람은 본질적으로 동물이며, 자연의 조화 속에서 창조된 모든 생명과 연결되어 있습니다. 사람은 동물의 영혼 안에 있는 것을 감지할 수 있고, 동물도 사람의 영혼 안에 존재하는 것을 느낍니다. 하지만 사람은 자연의 일부로서가 아니라 하느님의 자녀로서 도움을 줍니다.[98]

인간은 자연의 모든 것이 본래 되어야 할 대로 되지 않는 것에 대한 책임이 있습니다. 창조의 계획에서 멀어진 것은 바로 인간이 겪는 형벌입니다."

7장

교회 안에서의 생활

개인이 자기 자신의 고유한 삶에 눈을 뜨면 그에 따른 책임을 져야 합니다. 우리는 개인의 책임과는 다른 공동체의 책임에 대해 말할 수도 있습니다. 하지만 공동체의 책임은 구성원들이 여러 가지 다른 방식으로 지게 되어 있습니다. 책임은 그것을 질 만한 능력이 있는 모든 사람이 집니다. 다시 말해 자신의 삶에 눈을 뜬 사람, 그리고 무엇보다도 안내자의 역할을 하는 사람들이 지게 됩니다.[100]

우리는 인류를 얻기 위해 이 세상에 존재합니다.[101]

인간 개개인에 대한 견해와 판단은 그 사람이 생각하고 이야기하는 내용에 따라 결정됩니다. 이러한 견해와 판단은 여러 사람에게 실질적인 영향을 미치지만, '그 사람'이 누구인지 파악하기란 어렵습니다. 견해와 판단은 분명 특정 개인에게서 나옵니다. 하지만 이는 환경의 영향을 받아 각 개인의 마음속에서 새롭게 형성됩니다. 또한 사람들의 마음을 이끄는 데 있어서도 중요한 역할을 합니다.[102]

 자유로운 행동은 각 개인이 스스로 해야 하는 일입니다. 다른 사람들과 함께하는 공동체에서는 이를 실현하기 어렵습니다. 예를 들어, 특정 입장을 표명하는 것이 이에 해당합니다. 따라서 우리는 각자 자신과 타인을 위해 홀로 책임을 져야 합니다. 하지만 이러한 상호 책임이 모이면, 진정한 공동체의 기반이 될 수 있는 모든 삶의 경험보다 더 높은 수준의 공동체를 이룰 수 있습니다. 이것이 바로 교회의 토대입니다.[103]

 교회 안에는 다양한 공동체적 경험이 존재합니다. 하지

만 교회는 그 존재를 위해 누구에게도 빚을 지고 있지 않습니다. 오히려 한 사람이 하느님 앞에 서게 되면, 하느님께서는 모든 사람을 위한 힘을 주십니다. 그래서 "모두를 위한 한 사람, 한 사람을 위한 모두"라는 말은 교회에 적합합니다.[104]

하느님의 천상 계획은 선택받은 민족을 포함한 모든 인류를 위한 것입니다. 하지만 그것을 실현하는 것은 각 인간 영혼에게 주어진 몫입니다. 각 영혼은 신랑에게 충실하려고 애쓰는 신부처럼 하느님께 사랑스럽게 달려가 그분 주위에 모여야 합니다. 사랑을 추구하는 태도는 영혼을 절대 가만히 두지 않는 자극제가 됩니다.[105]

침묵의 전례典禮로 돌아가는 것은 우리의 몫입니다. 우리는 전례에서 원하는 것을 필요한 만큼 받을 수 있습니다. 나는 이것을 매일 체험합니다.[106]

교회는 이 세상에 있는 하느님의 왕국입니다. 따라서

우리가 사는 세상의 변화를 고려해야 합니다. 교회의 의무는 이 시대에 영원한 생명을 가져오는 것입니다. 이를 위해 교회는 각각의 시대를 있는 그대로 받아들이고, 그 특수성에 맞게 다루어야 합니다.[107]

교회의 모든 것이 영원히 돌이킬 수 없도록 결정되어 있다고 보는 것은 사물을 잘못 이해하는 방식이라고 생각합니다. 이러한 관점은 교회에도 역사가 있으며, 인간적인 모든 것이 그렇듯 점진적인 발전을 통해 인간적인 측면이 정착되어 왔다는 점을 간과합니다. 또한 이러한 발전을 위해 종종 투쟁과 같은 행동이 필요했음을 소홀히 하는 것입니다.[108]

나는 항상 하느님의 자비가 눈에 보이는 교회의 경계境界까지 확장된다고 생각하는 경향이 강했습니다.[109]

흔들리지 않는 교회의 특성은 영원함에 대한 절대적인 옹호와 비할 데 없는 유연성을 결합하여, 교회가 각 시대의 상황과 요구에 적응한다는 사실에서 나옵니다. 이러한 조화는 교회가 변하지 않는 진리를 지키면서도 시대에 맞춰 나아갈 수 있게 합니다.[110]

어떤 사람은 신자가 아니더라도, 즉 신앙의 기본적인 행위 중 하나도 수행한 적이 없고 신앙생활을 해 본 적이 없어도 교리에 애착을 가질 수 있습니다. 그는 신앙에 따라 살지 않더라도 교리와 일치하는 삶을 영위할 수 있습니다.[111]

주님께서는 교회의 바깥에 있는 사람들에게도 은총을 내려 주실 수 있습니다. 하지만 그 누구도 이러한 가능성을 언급하며 교회에서 떨어져 나갈 권리는 없습니다.[112]

인간의 자연스러운 공동체는 특정 개인들이 자유롭게 모인 것 이상의 의미를 가집니다. 우리는 일종의 유기적인 결합을 통해 그 공동체에 합류할 수 있습니다. 이러한 원칙은 교회라는 초자연적 공동체에도 적용될 수 있습니

다. 교회는 개인들이 신앙을 통해 서로 연결되고, 하나의 유기체처럼 함께 성장하는 공간입니다.[113]

영혼과 그리스도의 결합은 이 세상 사람들의 공동체와는 다른 특별한 관계입니다. 이 결합은 우리의 내적 토대가 되고, 우리를 성장하게 해 줍니다. 진정으로 그리스도와 결합된다는 것은 결과적으로 한 사람에서 다른 사람에게로 확장되는 과정을 의미합니다. 이렇게 해서 그리스도의 사랑과 은총이 모든 그리스도인에게로 확장됩니다.[114]

교회의 일치 안에서 특정한 개인은 현세의 공동체 안에서 이웃이 되는 사람들, 특별히 자신을 맡기며 기도를 요청하는 사람들, 또는 여러 이유로 실제로 그의 삶의 일부가 된 사람들에 대한 책임을 질 수 있습니다. 이러한 책임은 공동체의 일원으로서 서로를 지지하고 도우며, 사랑의 관계를 형성하는 데 중요한 역할을 합니다.[115]

모든 인간을 고립시키고 그를 자기 자신과 홀로 대면하

게 하는(이것이 바로 자유가 하는 일이지만) 동시에, 그를 다른 사람과 떨어질 수 없게 연결하고 또 그렇게 해서 진정한 공동의 운명을 확립해야 한다는 것에는 역설이 존재합니다. 우리는 모두 각자 자신의 구원과 다른 모든 사람의 구원에 대한 책임을 지고 있습니다. 그리고 다른 모든 사람은 각자 자신의 구원에 대한 책임을 지고 있습니다.[116]

하느님께서 거저 주신 사랑을 통해 그분께 속하고 그분을 섬기는 것은 선택받은 소수의 사람들만이 해야 하는 일이 아닙니다. 결혼을 했든 하지 않았든, 남자이든 여자이든, 예수 그리스도를 따르도록 부르심을 받은 모든 그리스도인이 해야 하는 과업입니다.[117]

주님께서 단 한 번이라도 남자와 여자 사이에 차이를 두신 적이 있습니까? 지상에서의 생애 동안 주님께서는 남녀 사이에 그 어떤 차이도 두지 않으셨고, 지금도 차이를 두시지 않습니다. 주님의 은총으로 이루어진 업적은 모든 그리스도인이 아무런 차별 없이 누릴 수 있습니다.

그리고 주님께서는 오늘날 교회 안에서의 특정한 임무를 수행하도록 하기 위해 더 많은 여성들을 부르시는 것 같습니다.[118]

교회의 기도는 영원히 살아 계신 예수 그리스도의 기도를 반영합니다. 이 기도는 예수 그리스도께서 지상에서 인간으로 사시는 동안 하신 기도를 원형으로 삼고 있습니다. 모든 참된 기도는 교회의 기도로, 다시 말해 모든 참된 기도를 통해 교회 안에서 특별한 일이 일어납니다. 기도를 하는 주체는 바로 교회 그 자체입니다.[119]

인간의 정신은 문화를 창조하고 이해하며 즐길 줄 압니다. 하지만 인간의 정신이 다양한 문화 영역과 접촉하지 못하면 완전히 성장할 수 없습니다. 또한 특정한 개인이 자신의 타고난 재능이 발휘되는 영역을 잘 알지 못한다면, 그는 자신이 무엇으로 부르심을 받았는지를 파악할 수 없습니다.[120]

우리는 우리 스스로 알아볼 수 있는 삶의 작은 부분에 자신을 제한해서는 안 됩니다. 또한 실질적으로 표면에 만져지는 모든 것에도 제한을 두어서는 안 됩니다. 현재 우리는 인간 정신의 삶이 발전하는 데 있어 중요한 전환점에 와 있다는 것이 분명합니다. 이 위기가 너무 오래 지속되더라도 불평해서는 안 됩니다. 그 위기에 대해 판단할 수 있는 한, 이는 모든 사람에게 유익한 경험이 될 것입니다.[121]

오늘날을 살아가는 젊은 세대는 수없이 많은 위기를 겪어 왔습니다. 그들은 이제 더 이상 우리를 이해할 수 없게 되었습니다. 그렇지만 우리는 젊은 세대를 이해하려고 애써야 합니다. 그래야 조금이라도 더 그들을 도울 수 있을 것입니다.[122]

자신의 존재를 완성시키는 것, 하느님과 자신이 하나가 되는 것, 하느님과 함께 다른 사람들과 하나가 되려는 행위는 서로 불가분하게 연결되어 있습니다. 이러한 모든 과정은 서로의 존재를 완성시키기 위한 행위로, 깊은 관계를 형성합니다. 이 모든 것을 이어 주는 중요한 연결 고리는 바로 십자가입니다.[123]

8장

십자가의 길에서

하느님께서 예언자의 입을 통해 당신께서는 나의 부모님보다 더 충실하시며 당신 자신이 사랑 그 자체라고 나에게 말씀하실 때, 나는 나를 안으시는 그 팔을 느끼며 내가 믿는 것이 얼마나 '이성적'인지, 또 '허무로 떨어질까' 두려워하는 것이 얼마나 어리석은지 알게 됩니다.[124]

모든 사람은 고통과 죽음을 맞이해야 합니다. 하지만 그 사람이 그리스도의 몸의 살아 있는 지체라면, 그의 고통과 죽음은 가장 위대하신 분의 전지전능함에 의해 구원

을 얻게 됩니다.[125]

예수 그리스도께 속한 사람은 그분의 삶을 온전히 공유해야 합니다. 그는 적어도 한 번은 겟세마니와 골고타를 향해 십자가의 길을 걸어야 합니다.[126]

십자가에 못 박히신 분(예수 그리스도)의 형상을 공경하는 것은 좋습니다. 그렇지만 나무나 돌보다는 살아 있는 형상이 더 좋습니다. 우리는 그리스도의 형상에 따라 영혼을 만들어야 합니다.[127]

영혼이 예수 그리스도의 생명을 나누고 싶다면, 그분과 함께 십자가 위에서 죽음을 겪어야 합니다. 다시 말해, 예수님처럼 고행과 희생의 삶으로 자신의 본성을 십자가에 못 박고, 하느님께서 원하시는 방식으로 고통과 죽음에 자신을 내맡겨야 합니다.[128]

예수 그리스도께서는 우리 각자에게 당신을 본받도록

요구하십니다. 다시 말해, 우리 각자가 십자가를 지고 십자가에 못 박히셨던 당신의 형상을 닮도록 요구하시는 것입니다.[129]

십자가에 못 박히신 분에 대한 믿음, 즉 사랑이 가득한 헌신과 결합된 살아 있는 믿음은 우리에게 생명으로 가는 관문이자 찬란한 미래를 위한 시작입니다.[130]

외부에서 오는 모든 고통은 하느님의 빛이 사라지고 주님의 음성이 들리지 않을 때 영혼이 겪는 어두운 밤에 비하면 아무것도 아닙니다.[131]

성인聖人들도 영적 사막에서 끈기 있게 인내해야 하는 내적 메마름의 순간을 잘 알고 있습니다. 성인들은 은총의 빛이 자신에게 쏟아져 내리고 성령의 불이 자신을 타오르게 하는 순간과 메마름의 순간을 구별할 수 있기 때문입니다.[132]

지상의 삶이 끝나고 썩을 수 있는 모든 것이 사라질 때, 각각의 영혼은 '알려진 그대로', 즉 하느님 앞에서 있는 그대로의 자신을 알게 됩니다. 이는 하느님께서 그 영혼을 위해 무엇을 창조하셨는지, 자연과 은총의 질서 안에서 자신이 무엇이 되었는지를 깨닫는 과정입니다. 또한 영혼은 자유로운 결정에 의해 본질적으로 자신에게 속한 것이 무엇인지 이해하게 됩니다.[133]

우리는 각자에게 영광스럽게 완성될 가능성이 주어졌음을 받아들이는 동시에, 아직 발전되지 못한 모든 가능성도 반드시 꽃필 것이라는 사실을 인정해야 합니다.[134]

"하느님 앞에 영원히 받아들여졌다."라는 말에는 쉽게 설명할 수 없는 깊은 뜻이 담겨 있습니다.[135]

인간의 삶을 아우르는 존재의 지성은 궁극적인 것을 외면하지 않습니다. 죽음을 고찰하는 것은 우리가 진정한 인간 존재를 이해하는 데 도움을 줍니다. 진리 안에서 산

다는 것은 주어진 삶의 조건과 일치하는 순간의 가장 진실한 가능성과 필요를 깨닫는 것을 의미합니다.[136]

많은 사람들에게 죽음은 단 한 번도 눈앞에 영원이 주어지지 않은 채, 구원이 문제가 되기도 전에 다가옵니다. 이러한 상황은 우리가 어찌할 수 없는 영역입니다. 우리는 이들에게 죽음이라는 결정적인 순간이 어떻게 오는지 알 수 없습니다. 하지만 믿음을 통해 이러한 사실을 받아들일 수는 있습니다.[137]

하느님의 사랑과 은총에 한계가 없다는 믿음은 모든 이의 구원에 대한 희망을 증명해 줍니다. 그렇지만 반대로 그분의 은총을 거부할 가능성 때문에 영원한 천벌도 여전히 존재할 수 있습니다.[138]

인간의 자유는 하느님의 자유에 의해 제한을 받거나 제거될 수 없습니다. 하지만 어떤 방식으로든 능가할 수는 있습니다. 사람의 영혼에 주어진 하느님의 은총은 하느님

의 사랑이 자유롭게 부여된 것이며, 그 사랑의 확장에는 아무런 한계가 없기 때문입니다.[139]

모든 가면과 사슬이 벗겨지는 영원의 평화는 그 어떤 것보다 위대합니다.[140]

역자
해설

　　　　에디트 슈타인 성녀는 그 생애와 작품을 볼 때, 다른 영성의 대가들과 다르다. 성녀는 어린 시절 유다교의 가정 교육을 받았지만 젊은 무신론자이자 뛰어난 철학자로 여러 철학자들과 교류했다. 그러다가 1922년에 가톨릭으로 개종하고 1933년에 가르멜회 수도자가 된 후, 예수 그리스도를 따라 순교하기까지 현대사의 증인이자 학자, 성인으로 전무후무한 대작을 남겼다.

　이 책에서 보듯이, 에디트 슈타인 성녀의 글은 평생 진리를 탐구한 학자의 논문처럼 철저한 명료성과 정확한 이론 전개를 보여 준다. 또한 단순하고 간결한 표현 속에 담긴 심오한 의미와 열정적인 인간애가 우리를 감동시키며, 성녀에 대한 깊은 사랑과 존경을 불러일으킨다.

에디트 슈타인 성녀의 전집에는 두 종류가 있다. 첫 번째 것은 '에디트 슈타인 작품집Edith Steins Werke'(ESW)으로 불리며, 1950년부터 1998년까지 독일의 헤르더Herder 출판사에서 출간했다. 그리고 두 번째 것은 '에디트 슈타인 전집Edith Stein Gesamtausgabe'(ESGA)으로 불리며, 2000년부터 헤르더 출판사에서 내고 있다.[1]

《침묵 그리고 은총의 빛》은 프랑스의 철학 전문가인 뱅상 오캉트Vincent Aucante가 '에디트 슈타인 작품집Edith Steins Werke'에서 선별하고 발췌한 글을 엮어 1998년에 프랑스어로 출간한 것을 우리말로 옮긴 것이다. 여기에 실린 글들은 에디트 슈타인 성녀의 작품에 담긴 순수하고 독창적인 사상을 보여 준다.

그러면 독자들의 이해를 돕기 위해 성녀가 남긴 저작을 분류하고 그 대표작을 일부 소개하겠다.

---

1 이 전집은 2020년에 완성되었다. — 편집자 주

- 철학 연구(현상학, 심리학, 인류학, 교육학 이론 포함)

  《감정 이입의 문제에 대하여 *Zum Problem der Einfühlung*》(박사 논문, 1917년)

  〈인격의 존재론적 구조 Die ontische Structur der Person〉(1932년)

  《유한한 존재와 영원한 존재 *Endliches und ewiges Sein*》(1936년)

- 종교와 신앙(가톨릭 신앙, 가르멜 영성, 교회와 전례, 십자가의 이론 포함)

  〈성찬의 교육 Eucharistische Erziehung〉(1930년)

  〈성탄의 신비 Das Weihnachtsgeheimnis〉(1933년)[2]

  《예수의 성녀 데레사의 생애와 작품 *Leben und Werke der heiligen Teresia von Jesus*》(1934년)

  〈교회의 기도 Das Gebet der Kirche〉(1936년)[3]

  〈영혼의 성 Die Seelenburg〉(1936년)

  《십자가의 학문 *Kreuzeswissenschaft*》(1942년)[4]

- 여성 문제(여성의 교육, 직업, 교회에서의 역할)

  〈여성 교육의 기초 Grundlagen der Frauenbildung〉(1930년)

2　《성탄의 신비》, 성바오로, 1997년.
3　《교회의 기도》, 성바오로, 1998년.
4　《성녀 에디트 슈타인의 십자가의 학문》, 기쁜소식, 2014년.

〈여성 직업의 본질Das Ethos der Frauenberufe〉(1931년)

〈본성과 은총의 질서에 대한 남성과 여성의 사명Berufe des Mannes und der Frau nach Natur-und Gnadenordnung〉(1932년)

〈청년을 교회로 이끄는 여성의 과제Aufgabe der Frau als Führerin der Jugend zur Kirche〉(1932년)

- 자서전과 개인 기록

《유다인 가정에서의 생활Aus dem Leben einer jüdischen Familie》(1939년)

《쾰른 가르멜에서의 기록Ein Beitrag zur Chronik des Kölner Karmels》(1935-1938년)

에히트 가르멜에서의 기록들(시, 유언 등, 1939-1942년)

- 서간문

《헤트비히 콘라트-마르티우스에게 보낸 편지Briefe an Hedwig Conrad-Martius》(1916-1942년)

《로만 인가르덴에게 보낸 편지Briefe an Roman Ingarden》(1917-1938년)

《편지 속의 자화상Selbstbildnis in Briefen》(1916-1942년)[5]

---

5   *Self Portrait in Letters 1916-1942,(The Collected Works of Edith Stein. t.V)*, ICS Publications, Washington, D.C.

- 번역

《존 헨리 뉴먼 추기경의 서간과 일기*John Kardinal Newman, Briefe und Tage-buch 1801-1845*》(1928년)

《성 토마스 아퀴나스의 진리에 대한 여러 탐구*Des hl. Thomas von Aquin Untersuchungen iüber die Wahrheit*》(1931-1932년)

이처럼 에디트 슈타인 성녀는 박해를 피해 수도원으로 도피한 것이 아니라 오히려 수도원에서 학문과 인간, 신앙에 대한 대작을 남겼다. 성녀가 남긴 말에서 볼 수 있듯이, 성녀의 신앙의 과업은 "이 세상에 하느님의 삶을 전하기 위하여 이 세상으로 가는"[6] 것이었다. 이 부분에서 성녀의 영성이 보통의 성인聖人들과 다르다고 할 수 있다. 성녀는 결국 자신의 소신대로 '사람들에게로' 나아가 유다 민족과 운명을 같이 했고 예수님의 십자가도 짊어졌다.

마지막으로, 오랫동안 나를 가톨릭 신앙으로 이끌고 지도해 주신 모든 분께 이 책을 바치며, 1998년 가르멜 재속

---

6 칼리스타Callista 수녀에게 보낸 편지, 1928.2.12, in Werke, t.VIII, p.54.

회원이 된 역자가 가르멜의 대성녀인 철학자 에디트 슈타인의 진귀한 글과 사상을 국내에도 널리 알리고 다른 모든 분과 나누고 싶어 서둘러 번역하였음을 명기해 두며 이 글을 마치고자 한다.

미국 로스앤젤레스에서
이연행

부록

미주

머리말

1　E.Stein, *Le Secret de la Croix*. 소피 빙겔리Sophie Binggeli와 뱅상 오 캉트Vincent Aucante에 의해 소개되고 주석을 붙인 본문. 소피 빙겔리Sophie Binggeli 번역. Cahiers de l'Ecole Cathédrale, Editions Parole et Silence, 1998.

2　이 책에 실린 글은 대부분 '에디트 슈타인 작품집Edith Steins Werke'에서 인용되었으며, 사용된 다른 책은 다음과 같다.

W.Herbstrith, *Edith Stein, Ein Lebensbild in Zeugnissen und Selbstzeugnissen*, Topos, Mainz, 1993.

W.Herbstrith, *Edith Stein, Wege sur inneren Stille*, Kaffke, Aschaffenburg, 1987.

E.Stein, *Vom Endlichen zum Ewigen*, Butzon&Bercker, Meussen-Künert-Essen, 1988(마리아 아마타 나이어Maria Amata Neyer 수녀가 수록한 작품집).

1장 하느님의 은총에 다가가려면 하루를 어떻게 보내야 할까?

3   *Grundlagen der Frauenbildung*, 후문, 1932.1.12, in Werke, t.V, p.90.

2장 아주 단순한 작은 진리

4   아델군디스 예거슈미트Adelgundis Jaegerschmid 수녀에게 보낸 편지, 1931.4.28, t.VIII, p.87.

5   페트라 브뤼닝Petra Brüning 수녀원장에게 보낸 편지, 1937, in Werke, t.IX, p.98.

6   *Eucharistische Erziehung*, 강연, 1930.7.14, in Werke, t.XII, pp.124-125.

7   *Das Weihnachtsgeheimnis*, in Werke, t.XII, p.205.

8   위와 동일, p.205.

9   위와 동일, p.206.

10 위와 동일, p.203.

11 에르나 헤르만Erna Hermann에게 보낸 편지, 1931.9.8, in Werke, t.VIII, p.102.

12 *Beruf des Mannes und der Frau nach Natur- und Gnadenordnung*, 1932.1, in Werke, t.V, p.38.

13 페트라 브뤼닝Petra Brüning 수녀원장에게 보낸 편지, 1934.1.26, in Werke, t.VIII, pp.160-161.

14 페트라 브뤼닝Petra Brüning 수녀원장에게 보낸 편지, 1939.4.16, in Werke, t.IX, pp.136-137.

15 루트 칸토로비츠Ruth Kantorowicz에게 보낸 편지, 1934.10.4, in Werke, t.IX, p.16.

3장 사랑하는 님, 여기 계시며, 오시네

16 아델군디스 에거슈미트Adelgundis Jaegerschmid 수녀에게 보낸 편지, 1938.3.23, in Werke, t.IX, p.102.

17 *Die Seelenburg*, in Werke, t.VI, p.43.

18 로제 마골트Rose Magold에게 보낸 편지, 1931.8.30, in Werke, t.VIII, p.101.

19 *Die ontische Struktur der Person*, in Werke, t.VI, p.145.

20 위와 동일, p.189.

21 위와 동일, p.196.

22 위와 동일, p.197.

23 위와 동일, pp.152-153.

24 *Endliches und ewiges Sein*, in Werke, t.II, p.407.

25 칼리스타Callista 수녀에게 보낸 편지, 1928.2.12, in Werke, t.VIII, p.54.

26 *Das Gebet der Kirche*, in Werke, t.XI, p.23.

27 *Endliches und ewiges Sein*, in Werke, t.II, p.405.

28 위와 동일, p.461.

29 *Kreuzeswissenschaft*, in Werke, t.I, p.138.

30 *Endliches und ewiges Sein*, in Werke, t.II, p.28.

31 위와 동일, p.409.

32 위와 동일, p.409.

33 *Kreuzeswissenschaft*, in Werke, t.I, p.4.

34 위와 동일, p.4.

35 In W. Herbstrith, *Edith Stein, Ein Lebensbild*, 1993, p.55.

36 *Das Weihnachtsgeheimnis*, in Werke, t.XII, p.206.

37　칼리스타Callista 수녀에게 보낸 편지, 1928.2.12, in Werke, t.VIII, p.54.
38　*Kreuzerswissenschaft*, in Werke, t.II, pp.410-411.
39　*Über Geschichte und Geist des Karmel*, in Werke, t.XI, p.8.

4장 예수님 안에 머무르기

40　*Die ontische Struktur der Person*, in Werke, t.VI, p.197.
41　*Kreuzeswissenschaft*, in Werke, t.I, p.265.
42　위와 동일, p.25.
43　*Endliches und ewiges Sein*, in Werke, t.II, p.473.
44　*Das Ethos der Frauenberufe*, in Werke, t.V, p.11.
45　*Endliches und ewiges Sein*, in Werke, t.II, p.428.
46　위와 동일, p.425.
47　위와 동일, p.383.
48　*Theresa von Avila*, in Werke, t.XII.
49　*Das Gebet der Kirche*, in Werke, t.XI, p.21.
50　위와 동일, pp.15-16.
51　*Theresa von Avila*, in Werke, t.XII.
52　*Das Gebet der Kirche*, in Werke, t.XI, p.22.
53　*Probleme der Frauenbildung*, in Werke, t.V, p.154.
54　미발표 편지, C IV 14.
55　*Probleme der Frauenbildung*, in Werke, t.V, p.179.
56　*Endliches und ewiges Sein*, in Werke, t.II, p.474.

5장 예수님의 사랑과 함께 사는 이를 위하여

57 *Natur und Übernatur in Goethes "Faust"*, in Werke, t.VI, pp.24-25.

58 *Aus dem Leben einer jüdischen Familie*, in Werke, t.VII, p.204.

59 위와 동일, p.204.

60 안넬리제 리히텐베르거Anneliese Lichtenberger에게 보낸 편지, 1931.8.17, in Werke, t.VIII, p.99.

61 *Endliches und ewiges Sein*, in Werke, t.II, p.474.

62 *Das Weihnachtsgeheimnis*, in Werke, t.XII, p.201.

63 *Die ontische Struktur der Person*, in Werke, t.VI, p.191.

64 위와 동일, p.190.

65 *Das Ethos der Frauenberufe*, in Werke, t.V, p.15.

66 위와 동일, p.5.

67 *Aufgabe der Frau als Führerin der Jugend zur Kirche*, in Werke, t.V, p.189.

68 *Endliches und ewiges Sein*, in Werke, t.II, p.466.

69 아델군디스 예거슈미트Adelgundis Jaegerschmid 수녀에게 보낸 편지, 1938.5.15, in Werke, t.IX, p.105.

70 아델군디스 예거슈미트Adelgundis Jaegerschmid 수녀에게 보낸 편지, 1930.3.28, in Werke, t.VIII, p.60.

71 칼리스타Callista 수녀에게 보낸 편지, 1928.2.12, in Werke, t.VIII, p.54.

72 *Das Weihnachtsgeheimnis*, in Werke, t.XII, pp.201-202.

73 *Die ontische Struktur der Person*, in Werke, t.VI, p.160.

74 페트라 브뤼닝Petra Brüning 수녀원장에게 보낸 편지, 1933.2.12, in Werke, t.VIII, p.129.

75 로제 마골트Rose Magold에게 보낸 편지, 1931.6.16, in Werke, t.VIII, p.90.

76 아델군디스 예거슈미트Adelgundis Jaegerschmid 수녀에게 보낸 편지, 1930.3.28, in Werke, t.VIII, p.60.

6장 인간 존재의 의미

77 *Endliches und ewiges Sein*, in Werke, t.II, p.474.

78 위와 동일, p.53.

79 *Kreuzeswissenschaft*, in Werke, t.I, p.143.

80 *Die Seelenburg*, in Werke, t.VI, p.67.

81 *Kreuzeswissenschaft*, in Werke, t.I, p.149.

82 아델군디스 예거슈미트Adelgundis Jaegerschmid 수녀에게 보낸 편지, 1931.4.28, in Werke, t.VIII, p.87.

83 안넬리제 리히텐베르거Anneliese Lichtenberger에게 보낸 편지, 1931.8.17, in Werke, t.VIII, p.98.

84 *Endliches und ewiges Sein*, in Werke, t.II, p.462

85 *Probleme der Frauenbildung*, in Werke, t.V, p.151.

86 *Endliches und ewiges Sein*, in Werke, t.II, p.58.

87 *Probleme der Frauenbildung*, in Werke, t.V, p.152.

88 위와 동일, p.147.

89 *Die ontische Struktur der Person*, in Werke, t.VI, p.139.

90 *Endliches und ewiges Sein*, in Werke, t.II, p.465.

91 위와 동일, p.420.

92 *Probleme der Frauenbildung*, in Werke, t.V, p.164.

93 *Endliches und ewiges Sein*, in Werke, t.II, p.404.

94 마리아 에른스트Maria Ernst 수녀에게 보낸 편지, 1941.5.16, in Werke, t.IX, p.157.

95 *Die ontische Struktur der Person*, in Werke, t.VI, p.176.

96 위와 동일, p.180.

97 위와 동일, p.169.

98 위와 동일, p.169.

99 위와 동일, p.171.

7장 교회 안에서의 생활

100 *Martin Heideggers Existentialphilosophie*, in Werke, t.VI, pp.97-98.

101 *Aus dem Leben einer jüdischen Familie*, in Werke, t.VII, p.148.

102 *Probleme der Frauenbildung*, in Werke, t.V, p.102.

103 *Die ontische Struktur der Person*, in Werke, t.VI, p.163.

104 위와 동일, p.163.

105 *Kreuzeswissenschaft*, in Werke, t.I.

106 아델군디스 예거슈미트Adelgundis Jaegerschmid 수녀에게 보낸 편지, 1931.6.28, in Werke, t.VIII, p.92.

107 *Probleme der Frauenbildung*, in Werke, t.V, p.116.

108 위와 동일, p.116.

109 아델군디스 예거슈미트Adelgundis Jaegerschmid 수녀에게 보낸 편지, 1938.3.23, in Werke, t.IX, p.102.

110 *Probleme der Frauenbildung*, in Werke, t.V, p.107.

111 *Die ontische Struktur der Person*, in Werke, t.VI, p.194.

112 위와 동일, p.185.

113 *Aufgabe der Frau als Führerin der Jugend zur Kirche*, in Werke, t.V, p.190.

114 위와 동일, p.190.
115 *Die ontische Struktur der Person*, in Werke, t.VI, p.164.
116 위와 동일, p.162.
117 *Beruf des Mannes und der Frau nach Natur- und Gnadenordnung*, in Werke, t.V, p.43.
118 *Probleme der Frauenbildung*, in Werke, t.V, p.108.
119 *Das Gebet der Kirche*, in Werke, t.XI, p.10, p.22.
120 *Probleme der Frauenbildung*, in Werke, t.V, p.168.
121 에르나 슈타인Erna Stein에게 보낸 편지, 1918.7.6, in Werke, t.VIII, pp.35-36.
122 칼리스타Callista 수녀에게 보낸 편지, 1932.10.20, in Werke, t.VIII, p.120.
123 *Kreuzeswissenschaft*, in Werke, t.I, p.252.

8장 십자가의 길에서

124 *Endliches und ewiges Sein*, in Werke, t.II, p.57.
125 *Das Weihnachtsgeheimnis*, in Werke, t.XII, p.203.
126 위와 동일, p.203.
127 *Kreuzeswissenschaft*, in Werke, t.I, p.244.
128 위와 동일, p.27.
129 위와 동일, p.6.
130 위와 동일, p.16.
131 *Das Weihnachtsgeheimnis*, in Werke, t.XII, p.203.
132 *Die ontische Struktur der Person*, in Werke, t.VI, p.157.
133 *Endliches und ewiges Sein*, in Werke, t.II, p.462.

134　위와 동일, p.463.
135　로만 인가르덴Roman Ingarden에게 보낸 편지, 1938.5.6, in Werke, t.XIV, p.240.
136　*Martin Heideggers Existentialphilosophie*, in Werke, t.VI, p.105, p.107.
137　*Die ontische Struktur der Person*, in Werke, t.VI, p.158.
138　위와 동일, p.159.
139　위와 동일, p.159.
140　칼리스타Callista 수녀에게 보낸 편지, 1931.11.16, in Werke, t.IX, p.94.

에디트 슈타인 연보

1891년	10월 12일(유다교 '속죄의 날')에 독일 브레슬라우Breslau의 유다인 가정에서 7남매 중 막내로 태어남.
1893년	아버지를 여읨. 이후 어머니 아우구스타Augusta가 남편의 사업을 물려받아 자녀들의 양육과 교육을 도맡음.
1897-1911년	브레슬라우의 빅토리아 학교에서 초등 및 중등 교육을 받음.
1911-1913년	브레슬라우 대학교에서 역사, 독일어 문학, 심리학, 철학을 공부함.
1913-1915년	괴팅겐Göttingen 대학교에서 현상학의 대가 에드문트 후설Edmund Husserl의 제자가 되어 다른 철학자들과 함께 연구 활동을 함.
1915년	제1차 세계 대전 중 적십자사 간호사로 지원하여 봉사 근무함.
1916-1918년	프라이부르크Freiburg 대학교에서 후설의 조교로 일함.

1917년	〈감정 이입의 문제에 대하여Zum Problem der Einfühlung〉라는 논문으로 철학 박사 학위를 받음.
1918-1921년	교수 자격 취득을 위한 준비를 함. 하지만 여성이라는 이유로 교수가 되지 못함.
1921년	친구인 콘라트-마르티우스Conrad-Martius 부부의 집에 머물던 중 예수의 데레사 성녀의 자서전을 읽고 가톨릭으로 개종하기로 결심함.
1922년	1월 1일에 바트베르그차베른Bad Bergzabern의 성당에서 세례(세례명 '데레사')를 받음. 2월 2일에 슈파이어speyer의 성당에서 견진을 받음.
1923-1931년	영적 지도자인 슈빈트Schwind 신부의 권유로 도미니코회에서 운영하는 슈파이어의 성 막달레나 여고와 교원 양성 학교에서 교사 생활을 함. 유럽 각지에서 많은 강연과 연구 발표, 번역 활동(토마스 아퀴나스와 존 헨리 뉴먼 성인의 저서)을 함. 1928년에 보이론Beuron의 수도원에 갔을 때부터는 발처Walzer 신부에게 영적 지도를 받음.
1932-1933년	뮌스터Münster의 교육학 연구소 강사로 일함. 1933년 4월 12일에 비오 11세 교황에게 독일의 유다인 박해 문제에 개입해 달라고 호소하는 서한을 보냄. 1933년 4월에 반유다 법령 때문에 해고를 당함.
1933년	10월 14일에 쾰른Köln 가르멜 수도회에 입회함.
1934년	4월 15일에 착복식을 하고 '십자가의 데레사 베네딕타'라는 수도명을 받음.
1935년	4월 21일에 첫 서원을 함. 대작 《유한한 존재와 영원한 존재Endliches und ewige Sein》를 쓰기 시작함.

에디트 슈타인 연보

1936년	어머니를 여읨. 언니 로자Rosa가 세례를 받음.
1938년	4월 21일에 종신 서원을 함. 독일의 유다인 박해를 피해 네덜란드의 에히트Echt 가르멜 수도원으로 피신함.
1939년	언니 로자가 에히트 수도원에 도착함.
1941년	십자가의 요한 성인에 대한 연구를 담은 《십자가의 학문Kreuzeswissenschaft》 집필을 시작함.
1942년	8월 2일에 독일의 비밀 국가 경찰 게슈타포에 의해 언니 로자와 함께 체포됨. 8월 7일에 아우슈비츠 수용소로 이송, 8월 9일에 가스실에서 선종함.
1987년	5월 1일에 쾰른에서 요한 바오로 2세 성인 교황에 의해 시복됨.
1998년	10월 11일에 로마에서 요한 바오로 2세 성인 교황에 의해 시성됨.
1999년	10월 1일에 요한 바오로 2세 성인 교황에 의해 시에나의 가타리나 성녀, 스웨덴의 비르지타 성녀와 함께 유럽의 수호성인으로 선포됨.